캘리그래퍼로
쓰는
한 줄 일기

캘리그래피로 쓰는 한 줄 일기

**초판 1쇄 발행** 2025년 2월 21일

**지은이** RANY
**펴낸이** 장길수
**펴낸곳** 지식과감성⁰
**출판등록** 제2012-000081호

**교정** 주경민
**디자인** 강샛별, 김희영
**편집** 강샛별
**검수** 김나현, 정운솔
**마케팅** 김윤길

**주소** 서울시 금천구 빛꽃로298 대륭포스트타워6차 1212호
**전화** 070-4651-3730~4
**팩스** 070-4325-7006
**이메일** ksbookup@naver.com
**홈페이지** www.knsbookup.com

ISBN 979-11-392-2435-1(03810)
값 16,700원

- 이 책의 판권은 지은이에게 있습니다.
- 이 책 내용의 전부 또는 일부를 재사용하려면 반드시 지은이의 서면 동의를 받아야 합니다.
- 잘못된 책은 구입하신 곳에서 바꾸어 드립니다.

지식과감성⁰
홈페이지 바로가기

내가 나를 만나게 해 주는

# 캘리그래피로 쓰는 한 줄 일기

RANY

지식감정

## 들어가며

"캘리그래피는 왜 배워요?" "캘리그래피는 배워서 어디에 쓰나요?" 캘리그래피를 배울 때도 강의하는 지금도 종종 받는 질문들입니다. 캘리그래피를 우리는 왜 배울까요? 캘리그래피는 손으로 쓰는 글씨를 자유로운 디자인으로 아름답게 쓰는 것입니다. 정형화된 글씨의 형태를 강요하지도, 똑같은 모습의 글자체를 요구하지도 않습니다. 캘리그래피는 우리의 생활 가까운 곳곳에 자리하고 있습니다. 영화 제목, 드라마 제목, 도서 표지, 흔하게 볼 수 있는 동네 가게의 간판들에도 모두 캘리그래피가 쓰이고 있습니다. 왜 이렇게 캘리그래피는 우리의 가까운 곳까지 와 있는 걸까요?

우리는 인공지능 기술이 무서운 속도로 발전해 가는 시대를 살고 있습니다. 기술력의 급속한 진화로 인간의 표정이나 감정 표현이 가능한 AI(인공지능)가 탄생되었습니다. AI는 인간의 기억력으로는 따라잡을 수 없는 방대한 데이터와 전기만 공급된다면 멈추지 않는 에너지로 인간이 가진 능력들이 작아 보이게 만들고 있으며, 점점 발전되고 있는 AI(인공지능)의 기술은 또다시 이전의 AI는 해내지 못했던 기계적인 감정 표현의 풍부함으로 이전 기계들의 존재 가치와 인간들의 일자리를 빠르게 지배해 가고 있습니다. 가끔은 소수의 기술력을 가진 사람들 말고는 더는 필요 가치가 없어질 것 같은 불안감과 함께 소외된 존재

가 돼 버릴 것 같은 기분이 들기도 합니다. 시대와는 상관없이 인간은 문학과 예술을 사랑해 왔습니다. 인간만이 가진 능력이라 여기던 '감정'을 빅데이터를 장착한 기계가 느끼기도 하고 감수성을 자극하는 작품을 만드는 데까지 이르렀습니다. 변화가 너무 빠른 시대, 그 변화가 올바른 방향인지 확인하고 조율할 수 있는 시간보다 더 기술적 진화가 큰 시대이기에 사람만이 가진 경험에서 나오는 감수성과 짙은 인간적 정서를 느끼고 싶은 마음이 커지는 건 당연하지 않을까요? 캘리그래피는 급변하는 기술과 환경 속에서는 느껴 볼 겨를이 없었던 '내가 나를 만나는 시간', 그리고 '또 다른 나의 내면을 만나는 시간'과 맞닿아 있습니다.

   캘리그래피를 알게 된 것은 저에게 큰 행운입니다. 손으로 쓰는 글씨를 더 잘 쓰게 되는 방법을 배우면서 무엇을 읽고 어떻게 써야 할지를 깊이 있게 생각하기 위해 사색하는 시간이 늘게 되었고, 누군가를 떠올렸을 때 키워드 '입력'으로 자료를 '출력'하는 것이 아니라 내가 알고 있는 그 사람이 힘을 얻을 수 있는 말은 어떤 것일까를 생각하고 글과 어울리는 글씨 디자인을 만들어 보게 되었습니다. 글씨를 쓰는 것을 좋아하는 분들은 비슷한 감수성을 가진 분들이 대부분이었고 그 속에서 깊은 공감과 따뜻한 이해를 받기도 합니다.

"캘리그래피를 배우고 나서 다른 수업도 더 배우고 싶어졌어요."
"좀 더 빨리 캘리그래피를 배우려고 하지 못한 것이 후회돼요."
"글씨와 그림을 배우면서 나의 내면에 다른 점이 있는지 깨달았어요."

이런 말씀들을 하시는 분들을 보면 캘리그래피가 왜 '내가 나를 만나게 해 주는 분야인지'를 느낄 수 있습니다. 기계들이 가득한 주변 환경과 인간이 만들어 낸 문명을 이제는 '인공지능'과 '감정'을 장착한 기계들이 주도하는 생활 속에서 우리는 어쩌면 우리 자신을 더 놓치고 싶지 않고, 감정을 나눌 대상이 더 간절해지고 있지는 않을까요? 가끔 바쁘게 지낸 하루를 끝낼 때 잠자리에 누워서 머릿속으로 푸른 하늘, 하얀 구름, 나를 스쳐 지나가던 바람 한 점이 생각나곤 합니다. 나를 돌아볼 겨를도 없이 보내는 시간이 익숙한 요즘 수강생분들과 함께하는 경험담으로 가득한 추억이 담긴 소중한 책을 함께 낼 수 있다는 것은 무엇보다 가치 있는 일이라고 생각합니다. 바쁜 시간 쪼개어 가족을 챙기고 업무를 하며 나누어 주신 경험들과 어렵다면서도 정성스럽게 완성해 주신 글씨와 그림에 너무나 감사합니다. 수강생분들 개개인의 경험에서 우러난 작품에 대한 평가는 전문적인 잣대나 기술적인 서사의 기승전결로 평가할 수 없다고 생각합니다. 순수함에서 나오는 작품들을 날카로운 시선보다는 따뜻하고 다정한 마음으로 보아 주세요. 함께해 주신 선생님들, 수강생분들, 이 책을 읽게 되시는 분들이 모두 건강하고 행운이 가득한 일상을 보내시길 기원합니다. 책을 엮을 수 있도록 용기를 주신 가족과 수강생분들께 깊은 감사의 마음 전합니다.

들어가며 _4

#### 맏언니 87세 양재순 님의 한 줄 일기

## 집으로 가는 길

장독대 _16
마중 _17
섬초롱꽃 _18
어청도 등대 _19
집으로 _20
산책 _21

#### 둘째 언니 85세 K. C. J. 님의 한 줄 일기

## 좋은 인연

좋은 인연 _24
수박이 좋아 _25
희망은 언제나 어디에나 있어요 _26
겨울의 길목에서 _27
꽃향기 _28
풍경 _29

Kim Gyeong Sun 님의 한 줄 일기

## 60대에 돌아보는 내 나이

마흔 살 _32
예순 살 _34
동행 _36


JA 님의 한 줄 일기

## 나의 어릴 적 추억

아기 돼지 배달 가는 날 _38
아버지의 선물 _39
닭장에 갇힌 날 _40


부용 님의 한 줄 일기

## 마음의 여유

마음 가는 대로 흘러가는 대로 _42
쉼, 휴식이 필요한 날 _43


Rosa 님의 한 줄 일기

## 마음 수양

책, 희망의 창문이다 _46
가을바람 _47

### 혜시 님의 한 줄 일기

## 행복

| | |
|---|---:|
| 숲을 보고 나무를 보라, 나는 하늘 볼란다 | _50 |
| 너는 이미 충분히 귀엽고 사랑스러워 | _51 |

### 하밍 님의 한 줄 일기

## 나는 행복해

| | |
|---|---:|
| 나는 행복해, 엄마와 함께해서 | _54 |
| 나는 행복해, 친구와 함께해서 | _55 |

### 소문자 'f'가 되고 싶은 대문자 'T' 님의 한 줄 일기

## 살다 보면

| | |
|---|---:|
| 시절인연 | _58 |
| 행복한 일은 매일 있어 | _59 |
| 삶, 태어난 김에 살았는데 삶에 미련이 생겼다 | _60 |
| 오래 보아야 사랑스럽다 | _61 |

### Kim J. R. 님의 한 줄 일기

## 채효과 비효의 공간 속에서

| | |
|---|---:|
| 꺾이지 않는 마음 | _64 |
| 늦가을 산속 풍경 | _65 |
| 시간이 머무는 햇살 물든 장독대 | _66 |

Jea.0 님의 한 줄 일기

## 완벽보다는 꾸준함이 중요해

| | |
|---|---|
| 당신은 정말 잘하고 있어요 | _68 |
| 할 수 있는 만큼 하면 돼 | _69 |

Yoon 님의 한 줄 일기

## 붓펜으로 전하는 따뜻한 응원

| | |
|---|---|
| 행복한 하루 보내세요 | _72 |
| 가을 하늘에 내리는 단비 | _73 |

썬 님의 한 줄 일기

## 나의 길도 꽃길

| | |
|---|---|
| 나의 길 당당히 걸어요 | _76 |
| 꽃길만 걸어요, 우리 | _77 |
| 별이 빛나는 밤 | _78 |

yim 님의 한 줄 일기

## 바쁜 일상에 하루 쉼표

| | |
|---|---|
| 단풍이 물든 거리 | _80 |
| 매일 1%씩 성장하는 나 | _81 |

**혜담 님의 한 줄 일기**

## 캘리그래피는 힐링입니다

| | |
|---|---|
| 삶을 향기로 채우다 | _84 |
| 2023 힘찬 시작 | _85 |
| 참 좋다 | _86 |
| 꽃은 저마다 피는 계절이 다르다 | _87 |

**혜 님의 한 줄 일기**

## 함께라는 행복한 기억

| | |
|---|---|
| 인생은 여행이다 | _90 |
| 난 웃는 너의 모습이 참 좋아 | _91 |
| 여름, 꽃을 피우다 | _92 |
| 다시, 봄이 옴 | _93 |
| 희망은 어디에나 언제나 있어요 | _94 |

**MJ 님의 한 줄 일기**

## 엠제이의 행복 발전소

| | |
|---|---|
| 기분도 연습입니다 | _96 |
| 감사도 습관입니다 | _97 |
| 내가 좋아하는 건 무엇일까? | _98 |
| 마음이 훤히 들여다보이는 거울 | _99 |
| 걱정하지 마, 이내 예쁜 꽃을 피울 테니까 | _100 |
| 일취월장 | _101 |

mong nan 님의 한 줄 일기
## 위로와 힐링이 되는 글씨

| | |
|---|---|
| 성실함은 실력이 된다 | _104 |
| 추운 날은 그랬으면 좋겠다 | _105 |
| 괜히 설레는 봄 | _106 |
| 당신의 찬란한 인생을 믿어요 | _107 |
| 오늘도 수고한 나를 위해 '토닥토닥' | _108 |
| 내가 나를 만나는 시간 | _109 |

**수강생의 소감**
**캘리그래피를 배우고**                               _110

나가며                                              _115

맏언니 87세
양재순 님의 한 줄 일기

집으로 가는 길

## 장독대

봉숭아꽃, 가지, 주렁주렁 달린 고추의 응원을 받으며 함께 익어 가는 장독대.

# 마중

대문 밖, 누군가의 귀가를 기다려요.

# 섬초롱꽃

가지에 매달린 '섬초롱꽃'이 초롱초롱 세상을 밝혀요.

## 어청도 등대

등대는 낮에도 빛나요.

집으로

가을을 거슬러 집으로 가는 길.

# 산책

그대 그리고 나, 우리 강아지와 함께 걷는 바닷길.

둘째 언니 85세
K. C. J. 님의 한 줄 일기

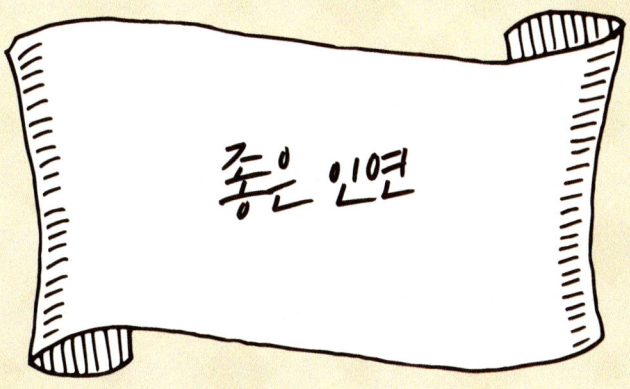

# 좋은 인연

좋은 인연을 만나 붓을 들고 처음으로 쓴 부끄러운 글씨.
사위에게 선물했더니 부채 10개를 보내왔다.
아이쿠! 저걸 언제 채우려나.

# 수박이 좋아

내리쬐는 햇빛 속에서 얼음에 채운 수박 한 조각.
생각만 해도 몸에 전율을 느낀다.
내년에도~~

희망은 언제나 어디에나 있어요

저물어 가는 삶 속에서
항상 내 곁을 지켜 주는 우리 아이들이 있어
고맙고 행복하다.

# 겨울의 길목에서

아련히 떠오르는 옛 생각.
함께 눈사람 만들던 동무들이 생각난다.

꽃향기

나를 좀 보라는 듯 도도히 서 있는 한 송이 꽃.
우리 딸의 눈길을 사모잡은 듯 좋아하네요.

# 풍경

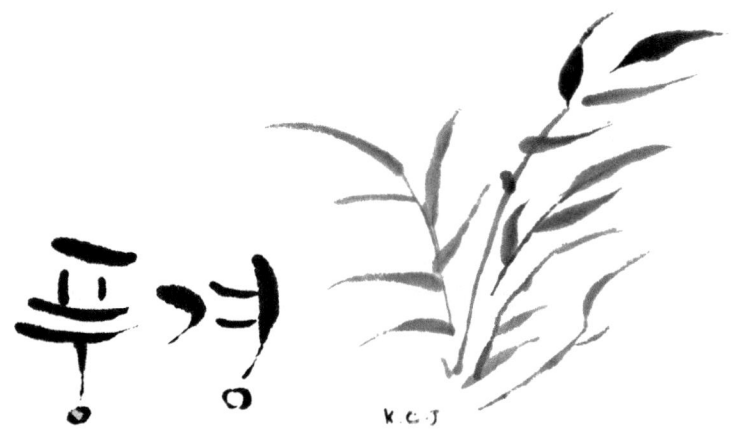

잔잔한 파도가 오가는 바닷가의 고즈넉한 길을 걷다 보면
고향 같은 따뜻함과 그리움이 가슴에 밀려온다.

Kim Gyeong Sun 님의 한 줄 일기

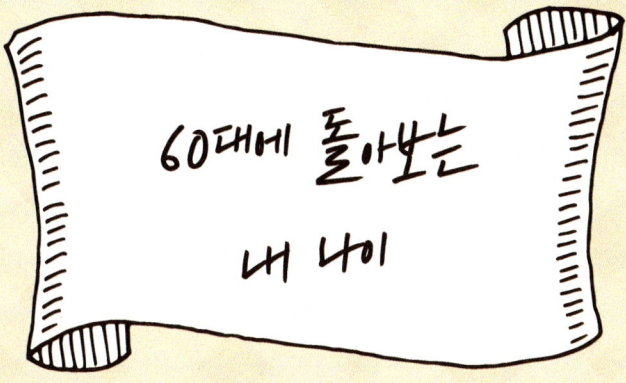

마흔 살

다가올 땐 상실감으로 느껴졌지만,
지나 보니 아름다움이 가득했었다.

나이가 40세가 되기 전엔 몰랐다.
지나고 보면 얼마나 아름다운 나이인지.

# 예순 살

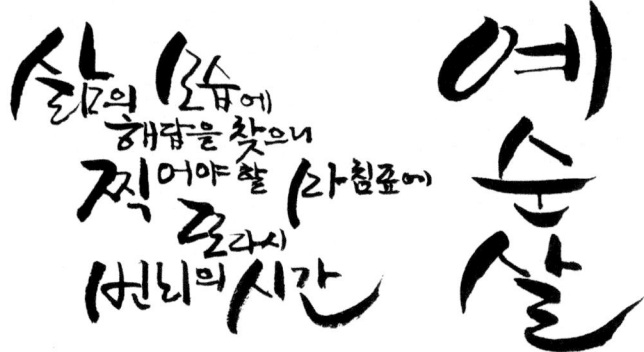

삶의 모습에 해답을 찾으니
찍어야 할 마침표에
또다시 번뇌의 시간.

삶에 대한 해답과
번뇌가 함께하는 나이

동행

좋은 일도 궂은일도 지나고 보니,
그대와 함께 걷는 길은 꽃길입니다.

JA 님의 한 줄 일기

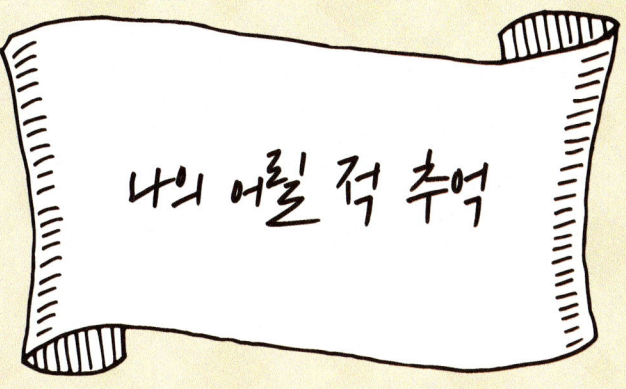

## 아기 돼지 배달 가는 날

고모 댁은 멀고 돼지는 뒤에서 뛰고,
나는 울고 싶어요.

- 초등학교 다닐 무렵 아버지의 자전거로 고모님 댁에 아기 돼지 배탈을 가면서 너무 힘들었던 생각에 오래도록 기억이 남는다.

# 아버지의 선물

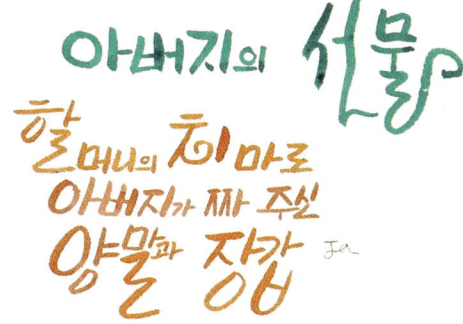

할머니의 치마로 아버지가 짜 주신 양말과 장갑.

- 설날이 다가오면 아버지와 어머니는 할머니께 편물기계로 짠 치마를 선물하시고, 할머니가 입던 헌 멜빵 치마는 풀어서 대바늘로 양말과 장갑을 떠 선물로 주셨다.

# 닭장에 갇힌 날

언니와 싸웠다고 닭장에 갇힌 날.
닭들이 무서워 울었어요.

- 어릴 적 언니하고 싸우면 엄마가 누굴 야단치지도 못하시고, 닭들이 모이를 먼저 먹으려고 싸운다면서 닭장에 들어가서 보라고 엄마가 닭장에 가두었다. 닭들이 무서워 많이 울었던 기억이 떠오른다.

부용 님의 한 줄 일기

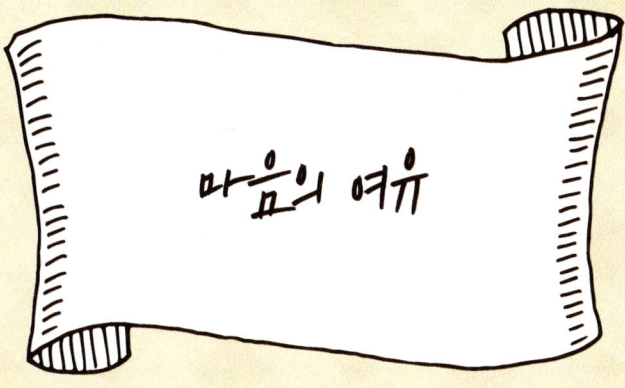
마음의 여유

마음 가는 대로 흘러가는 대로

순리대로 살아가기.

# 쉼, 휴식이 필요한 날

더운 여름에 힘들었던 것을 날려 주는 시원한 나무 그늘.

Rosa 님의 한 줄 일기

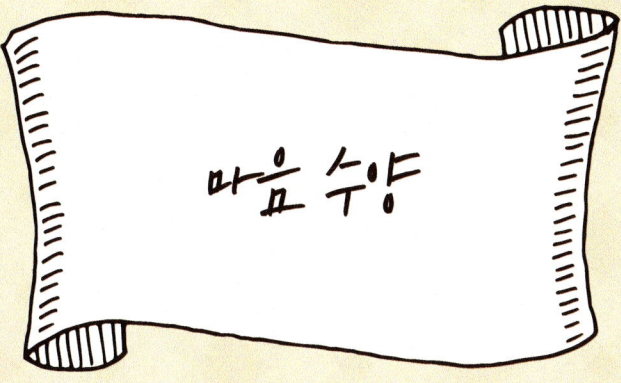

책, 희망의 창문이다

책은 영혼의 양식.

# 가을바람

가을은 내 마음.

혜시 님의 한 줄 일기

숲을 보고 나무를 보라, 나는 하늘 불란다

시원한 하늘을 바라보니 무척 행복한 날이구나.

너는 이미 충분히 귀엽고 사랑스러워

사랑스러운 마음.

하밍 님의 한 줄 일기

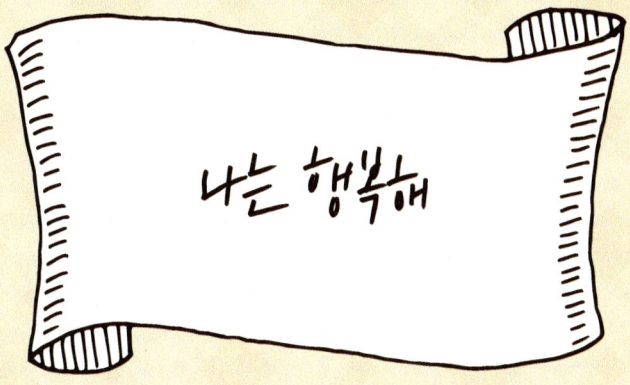

나는 행복해, 엄마와 함께해서

나는 행복해
엄마와 함께해서 hamies.

엄마랑 그림 그리는 시간,
나는 엄마와 함께해서 행복해.

나는 행복해, 친구와 함께해서

나는 행복해
친구와 함께해서

친구와 돌탑 쌓던 날,
나는 친구와 함께할 수 있어서 행복해.

소문자 'f'가 되고 싶은
대문자 'T' 님의 한 줄 일기

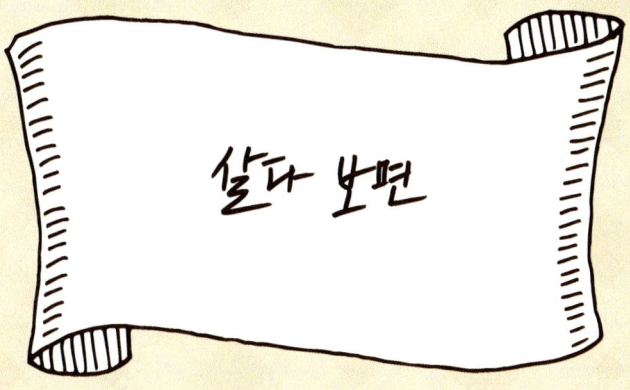

살다 보면

시절인연

쿨~ 하게 살고 싶은 나에게 던지는 화두.

행복한 일은 매일 있어

나의 희망사항.

(곰돌이 푸 중에서)

삶, 태어난 김에 살았는데
삶에 미련이 생겼다

100세 인생은 지겹다고 생각하던 내가 오래오래 장수하고 싶어진 날에.

오래 보아야 사랑스럽다

오래보아야
사랑스럽다
sjin

남편에게 만들어 준 부채에 쓴 글.
부채는 사라지고 글만 남았네.

(풀꽃, 나태주)

Kim J. R. 님의 한 줄 일기

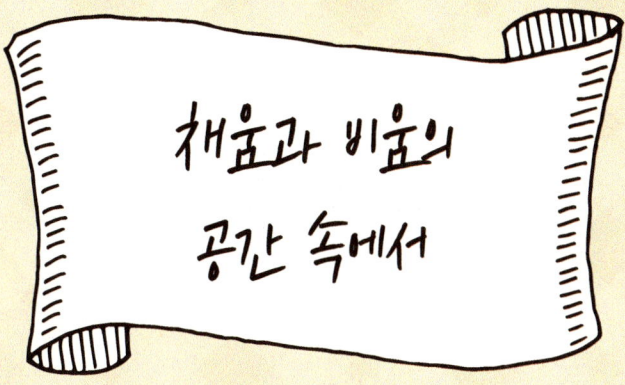
채움과 비움의
공간 속에서

꺾이지 않는 마음

헛되게 보내고 싶지 않은 오늘의 시간들.

# 늦가을 산속 풍경

짙은 자연색으로 물든 어느 산사의 하루.

시간이 머무는 햇살 물든 장독대

시간이 머무는
햇살 물든
장독대   Kim J R

환한 웃음과 온정 가득한 할머니의 얼굴을 닮은
고향 집 장독대.

Jea.O 님의 한 줄 일기

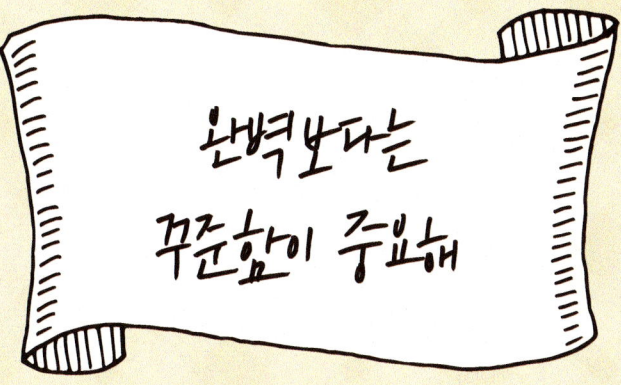

당신은 정말 잘하고 있어요

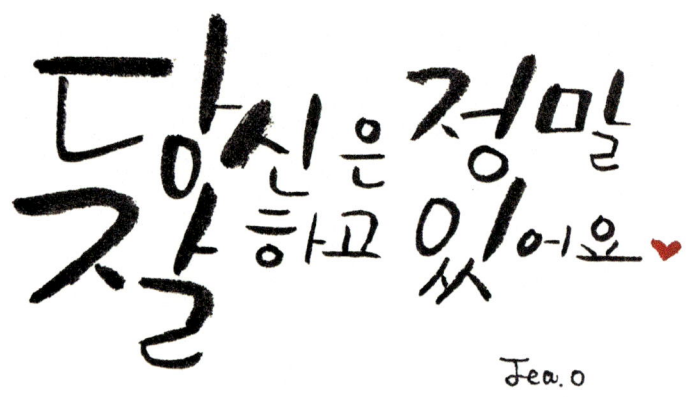

오늘도 빛나는 당신을 위한 응원의 글.

할 수 있는 만큼 하면 돼

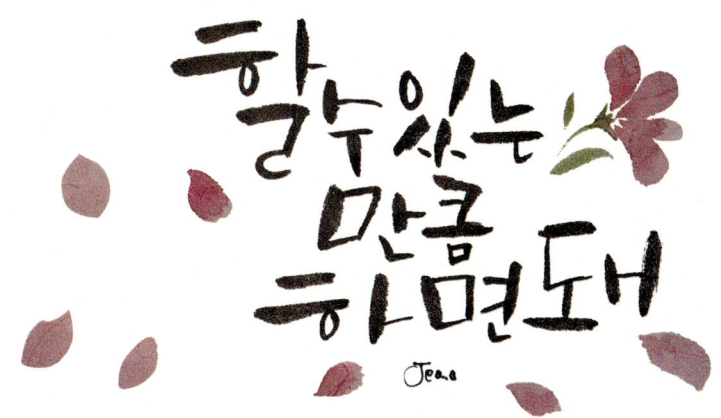

나만의 속도로 한 걸음씩.

Yoon 님의 한 줄 일기

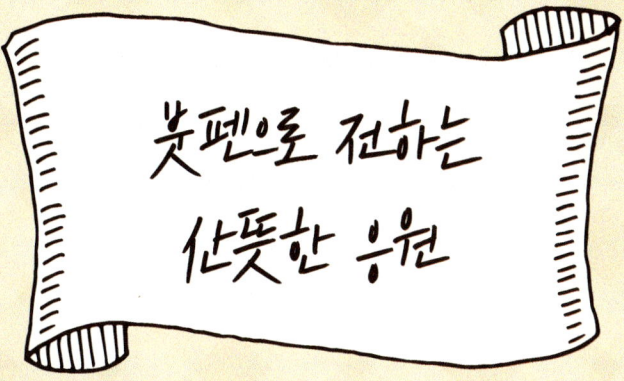

행복한 하루 보내세요

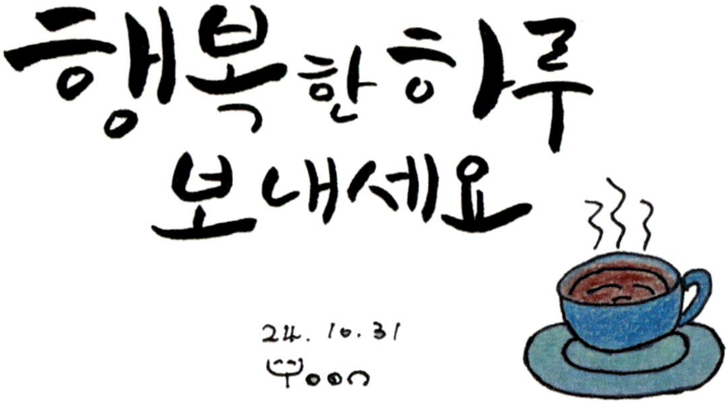

행복한 하루
보내세요

24. 10. 31

마음을 꽉 채운 한마디,
"행복한 하루 보내세요."

가을 하늘에 내리는 단비

내 소중한 보물을 위한 네잎클로버.

썬 님의 한 줄 일기

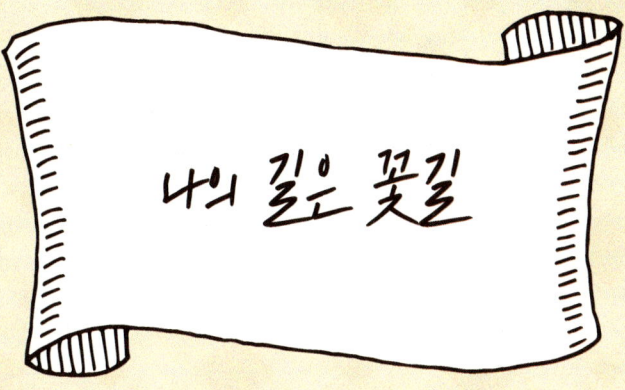

나의 길 당당히 걸어요

지금 모습 이대로 그대로.

꽃길만 걸어요, 우리

함께하면 좋은 우리 가족.

## 별이 빛나는 밤

어느 별이 빛나는 밤에 만난 사랑스러운 늦둥이.

yim 님의 한 줄 일기

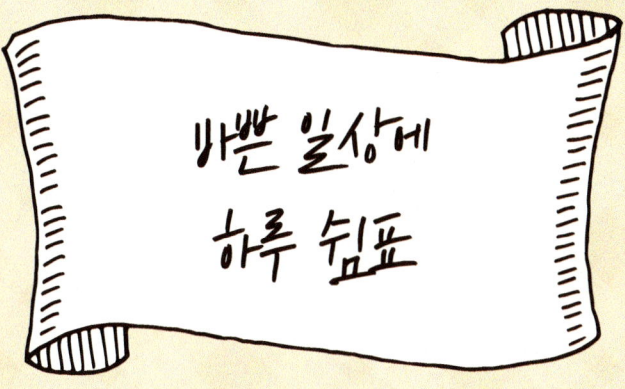

단풍이 물든 거리

가을 날, 바쁘지 않은 어느 때 오랜만에 캘리그래피 휴식.

# 매일 1%씩 성장하는 나

머물지 않고 성장하는 나를 발견한 날.

혜담 님의 한 줄 일기

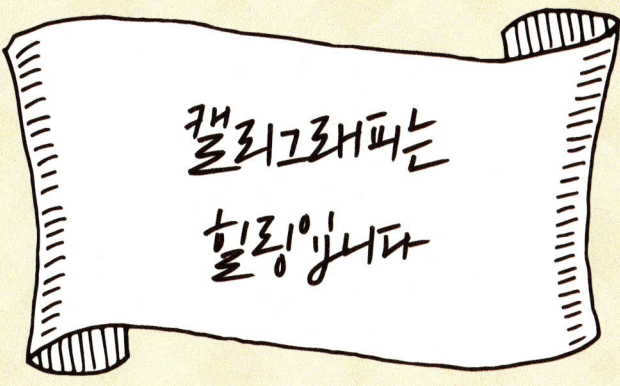
캘리그래퍼는 힐링입니다

# 삶을 향기로 채우다

인생의 중반, 나의 향기는 어떤 향으로 기억될까?

2023 힘찬 시작

더욱 건강해지는 새해 맞으세요.

참 좋다

목련이 필 때면 봄 농사가 시작된다네요.

꽃은 저마다 피는 계절이 다르다

한 송이송이 꽃잎을 그려 내기 위해
온 힘을 다했다는 전설이~~

혜 님의 한 줄 일기

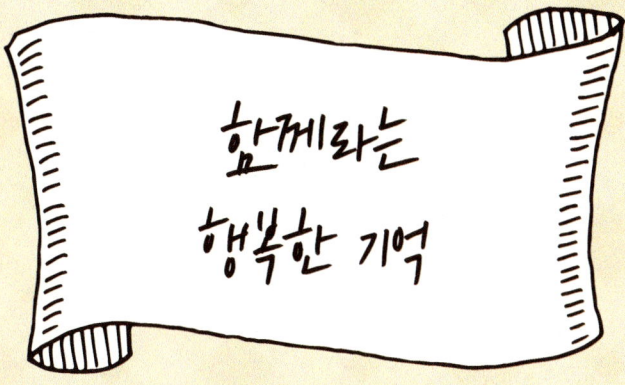
함께라는
행복한 기억

# 인생은 여행이다

# 인생은 여행이다.

### 인생은 나 홀로 우주를 여행하는 것과 같다.
― 터키여행 ―

인생은 나 홀로 우주를 여행하는 것과 같다.

- 터키 여행 중에 그 넓은 평원에 오직 내가 타고 있는 버스만 있었던 날.

난 웃는 너의 모습이 참 좋아

웃는 모습을 생각하면 저절로 미소가 지어집니다.

# 여름, 꽃을 피우다

긴 시간이 걸린 작품이라서 보고 있으면 기분이 좋아집니다.

# 다시, 봄이 옴

대한민국, 다시 봄이 오기를 기다리며.
또한 내가 알고 있는 모든 분들께
따스한 봄이 오기를 바라 봅니다.

희망은 어디에나 언제나 있어요

멋진 일이 앞에 짠 나타날 거예요~♡

MJ 님의 한 줄 일기

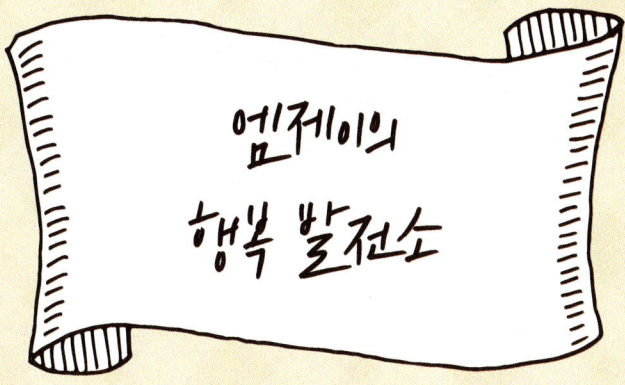

기분도 연습입니다

아침에 눈을 뜨면 생각합니다. 오늘 하루를 어떻게 보낼까?
답은 항상 잘 보내야지~~ 잠자리에선 눈을 감고 생각합니다.
오늘 하루를 잘 보냈나?

# 감사도 습관입니다

답은 그럭저럭입니다. 기분도 연습임을 알게 되죠. 어느 날부터인가 기분을 좋게 하는 나름의 연습을 계속하고 있지요. 웃는 연습부터~~ 기분도 연습을 통해 내 것으로 만들듯 감사도 습관입니다. 감사함이 나를 웃게 하는 방법입니다.

# 내가 좋아하는 건 무엇일까?

한번 시작하면 끝까지 가야 하는 성격 탓에 새로운 뭔가를 시작할 땐 많은 고민과 시간을 소모한다. 많은 고민 후 나에게 찾아온 '캘리그래피', 오늘에야 답을 찾았다. 아~~싸!

# 마음이 훤히 들여다보이는 거울

캘리그래피를 배우면서 내 마음이 정화되고 정화된 마음으로 세상을 보게 되는 나를 발견합니다.

걱정하지 마,
이내 예쁜 꽃을 피울 테니까

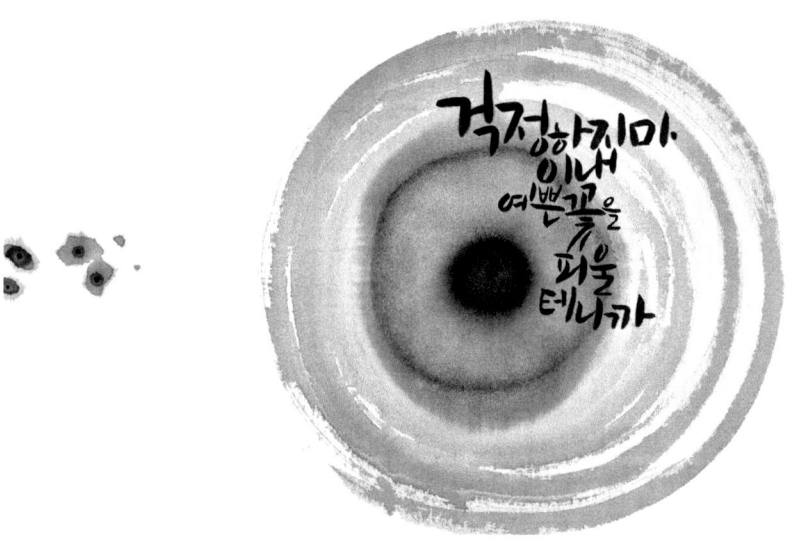

캘리그래피는 나를 변화시키는 계기가 되었죠.

제 머리로는 천천히~~
행동은 일취월장으로 ㅋㅋ

mong nan 님의 한 줄 일기

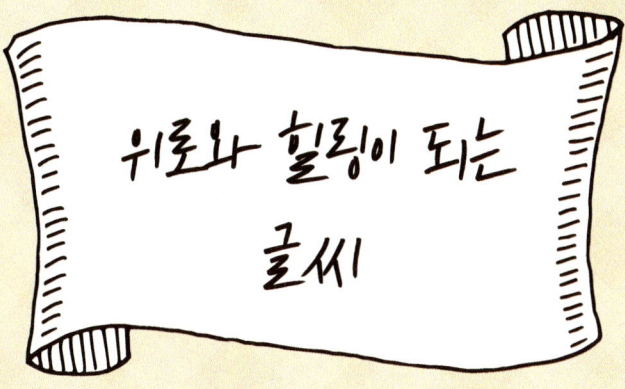

성실함은 실력이 된다

붓 잡기가 두렵다던 수강생분이
일주일 내내 연습해서 기초를 탄탄히 해 오신 어느 날.
항상 많이 배웁니다. 감사합니다.

# 추운 날은 그랬으면 좋겠다

*《작고 예쁜 수채화: 가이드북》(미아(이혜란), 도서출판 이종) 참고

널 생각하는 크기만 한 큰 이불이 너를 감싸 주면 좋겠다.

- 큰 아기 처음 집 떠나던 날 왜 그렇게 추웠던지 내 마음만큼 큰 이불 하나 덮어 주고 싶었어요.

## 괜히 설레는 봄

봄 햇살이 따사롭던 오후, 감수성은 나이가 없나 봅니다.
괜히 설레고 난리.

## 당신의 찬란한 인생을 믿어요

인생의 일기장 한 페이지에 비가 몹시 내리던 어떤 날,
수강생분이 들려주신 노래.
늘 든든한 응원 감사합니다.

(당신을 믿어요, 이찬원)

# 오늘도 수고한 나를 위해 '토닥토닥'

매일매일 수고하지 않은 날이 없는
나, 너 그리고 그대를 위해.
"수고했어요." 토닥토닥~

# 내가 나를 만나는 시간

캘리그래피로 나를 알아 가는 어떤 시간에, 종이 한 장만큼씩 실력이 늘어 가는 것을 인지하고 성취감으로 혼자 주먹을 쥐었죠.

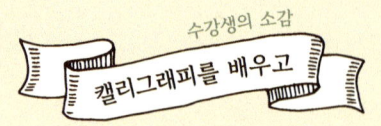

### MJ 님

  4년 전 무료한 하루하루를 보내는 여름 어느 날, 발길을 멈추게 했던 다섯 글자 '캘리그래피'. 캘리그래피의 매력에 푸욱~~ 빠져 오늘까지 달려오게 되었네요. 느림보같이 서투름투성이이지만 누구보다 진심이었던 나의 캘리그래피는 오늘도 일취월장을 꿈꾸죠. 가다가 보면 정확한 길이 보이리라 행복 발전소란 엔진을 달고 뚜벅뚜벅 가 보려 합니다. 나의 행복 발전소에는 많은 시간과 노력과 열정과 추억이 있습니다. 일주일 중 하루이지만 매 순간 예쁜 글씨가 진심이었고 내 마음이 예뻐지고 있음을 느꼈습니다. 점점 알고 싶은 것이 많아지게 만드는 마력을 가진 '캘리그래피'를 제 인생의 친구로 두며 꽁냥꽁냥하고 싶습니다.

### Jea.O 님

  붓을 잡고 종이 위에 글씨를 써 내려갈 때 복잡했던 생각들이 자연스럽게 정리되고, 오롯이 나에게 집중할 수 있는 소중한 시간이었습니다.

### 하밍 님

 나는 행복합니다. 사랑하는 가족과 친구, 선생님, 토실이가 있어서 행복합니다. 매일 기다리는 고양이들의 무한한 신뢰에도 행복합니다. 좋아하는 일이 있고 그 일로 만나는 제자들의 표정에도 행복합니다. 그래서 나는 오늘도 행복합니다.

### JA 님

 캘리그래피를 배워 이런저런 그림을 그리면서 화가들의 인터뷰나 그림을 보면 관심을 가지게 되고, 어떤 마음으로 그림을 그리게 되었나 하는 생각도 하게 되었다. 내가 그림을 그리면서는 옛날에 있었던 일들이 아픔이었고 자신이 안쓰러웠는데 그림을 완성하고 나서 생각하니 어릴 적 동화 같은 추억이고 내 삶의 역사이고 치유의 과정이었다. 또한 색감이 주는 오묘한 찬란함이 있어서 시간 가는 줄 모르고 그림을 그렸다. 그림을 그리게 도와주신 선생님 감사합니다.

### 부용 님

 캘리그래피 배우러 오는 시간이 너무나 행복하고 즐겁습니다.

### Rosa 님

 캘리그래피를 배우는 시간은 마음을 담아서 글을 쓰고 같은 마음의 글벗들과 행복한 웃음이 있는 시간. 조으다~~~~~

### 혜시 님

도란도란 이야기하며 함박웃음을 짓게 만드는 캘리그래피. 싫증나기 전까지 계속 쭉~~~~

### K. C. J. 님

일주일에 한 번. 좋은 분들과 얘기를 나누는 것만으로도 즐거운데, 글씨도 쓰고 어릴 적 두려웠던 서툰 그림도 배우고, 참 좋아요.

### 양재순 님

색깔을 잘 개어서 그림을 빨리 그려요~~~ 완성한 그림 파일은 가족과 친지분들께 자랑합니다.

### 썬 님

캘리그래피는 나의 친구. 최고의 취미를 찾았다. 무엇을 해도 항상 응원하는 우리 가족 사랑한데이~~~~♡

### 혜담 님

캘리그래피는 내게 힐링입니다. 캘리그래피 in my life. 수채화도 배우고 예쁜 꽃 그림도 그리고 명암이나 농도도 배우고 다양한 소품도 배우고, 새로운 삶의 공간을 채우는 곳~~

### yim 님

선생님이랑 글씨 쓰면서 노는 곳.
벌써 몇 년째이죠? 홍홍홍.

### Kim Gyeong Sun 님

나는 언제 저렇게 고급이 되나~? 했는데 벌써 심화 과정이라니. 함께 차 마시고 놀고 작품도 하고 재미있는 캘리그래피입니다.

### 혜 님

캘리그래피를 배우면서 물감의 혼합을 통해 나타나는 색채의 놀라운 변화를 조금이나마 알게 되었습니다. 또한 그림과 글을 쓰는 과정을 통해 나의 내면의 평화와 힐링을 경험했습니다. 행복한 기억입니다. 선생님 감사해요.

### Kim J. R. 님

배움의 연속을 통한 행복과 즐거움! 좋은 사람들과의 인연으로 맺어진 작품을 통한 아름답고 보람 있는 삶.

### Yoon 님

예전부터 하고 싶었거든요. 일도 하고 아이들도 돌보고 시간이 부족하지만 잘하고 싶습니다.

### 소문자 'f'가 되고 싶은 대문자 'T' 님

캘리그래피를 배우고 나서 내가 '기역'을 잘 못 쓴다는 것을 알았습니다. 시간이 흐르고 어느 날 기역이 자연스러워졌을 때, 잘 안 써지던 글씨를 완성했을 때, 맨날 선생님이 '짠'한 감수성이 있다고 하실 때마다 캘리그래피가 즐겁습니다.

### mong nan 님

캘리그래피에는 위로, 공감, 즐거운 취미 생활이 함께 있습니다. 덕분에 좋은 분들도 만나게 되고 가치 있는 시간이 더 늘어나는 것 같아 삶의 질이 높아짐을 느낍니다.

## 나가며

　캘리그래피는 글씨일 뿐만은 아닙니다. 그 속에 관계 맺는 인연들과 그들에게 전하고 싶어지는 진심, 마음을 전하기 위한 글씨를 연습하는 동안 얻는 경험들과 새로운 감정들을 배울 수 있습니다. 진심을 전할 때 우리는 손 편지를 씁니다. 기계가 찍어 주는 가지런하고 정갈한 느낌보다는 시간을 내어 서툴게 써 내려간 손 글씨가 더 정성스럽고 진심을 전하기가 좋다는 걸 아는 탓이지요. 캘리그래피로 잘 써지지 않던 글씨를 완성했을 때의 성취감과 그저 따라 써 보았을 뿐인데 작품이 되어 버린 나의 글씨가 주는 느낌이란 단순한 뿌듯함으로는 설명하기 어려운 감정입니다. 캘리그래피가 예술인지 아닌지, 글씨를 잘 쓰는 사람인지 못 쓰는 사람인지는 중요하지 않습니다. 우리는 캘리그래피를 배우는 것을 즐길 수 있고, 나를 성장시킬 수 있는 취미를 지금 바로 가질 수 있습니다. 운동을 하는 것도 신체적인 건강을 위해서만 하는 것이 아니라 즐겁고 땀을 흘릴 때의 쾌감을 좋아해서 열심히 운동하는 사람도 있듯이 글씨를, 혹은 그림을 잘 쓰고 잘 그려서가 아닌 나를 위한 즐거움으로도 캘리그래피는 충분합니다. 누군가를 위해, 나를 위해, 마음을 담은 작품으로 모두를 위로하기 위해, 한 줄의 캘리그래피는 늘 우리 곁에 있어 왔습니다. 다이어리에도 일기장에도 가계부에도 멋진 책이나 영화, 드라마의 제목이 아니어도 우리의 곁에 항상 같이 있습니다.

　피곤한 하루와 지친 일상을 마무리하는 어느 시간에 누군가의 따뜻한 한마디로 내일을 맞이할 힘을 얻듯이, 소소한 일상에서 겪은 작은 일들이 한 줄의 '캘리그래피' 일기로 좋은 추억이 되고, 그 결과물인 이 책이 모두에게 위로가 될 수 있음을 믿습니다. 사람들이 사회에서 겪는 경험들은 나를 성장하게 하고, 또 다른 내 모습을 볼 수 있는 넓은 시야도 가질 수 있게 해 주죠. 글씨 쓰기가 귀찮으신가요? 손으로 쓴 글씨는 예쁘지 않은가요? 여러분, 컴퓨터로 찍어 내는 글씨들도 손 글씨의 글씨체로 점점 바뀌어 가는 것을 알고 계시나요? 붓이 아닌 어떤 필기구라도, 화선지가 아닌 어떤 종이에라도 본인만의 생각을 본인만의 글씨로 써 보세요. 생각이 정리되고 감정 표현도 풍성해지고 있다는 것을 느끼실 뿐 아니라, 지금 있는 그대로의 내 모습에 밀도 있는 생각과 태도는 품위가 되어 나에게 한 글자씩 채워지는 것을 경험해 보실 수 있어요. 캘리그래피의 매력을 한껏 즐기실 수 있길 바랍니다. 이 책을 준비하는 새벽에도 어딘가에서 자신의 일을 책임감 있게 해내고 있는 성실한 분들께 다음 페이지의 글을 드립니다.

"행복과 행운은 멀리 있지 않아요."

"하늘은 넓고 꿈은 높고 나는 이루어 낸다."

여러분,
여러분은 행복하고 즐겁고 존중받을 권리가 있습니다. 나의 내면을 만나고 스스로를 사랑하는 내가 되시길 기원합니다.
글씨와 그림은 마음의 창입니다. 여러분의 창문을 깨끗하게 닦고 환기도 시켜 보아요. 삶의 질이 높아지는 경험을 하실 거예요. 오늘 하루도 잘 견뎌 내신, 세상을 움직이는 여러분의 힘을 항상 응원합니다.
감사합니다.

RANY